朝讀經典

學思並重

國小·高年級

馮天瑜／主編

5

本套讀本的編寫，遵循如下原則：

一、注重中華文化的弘揚與教育。本套讀本從浩如煙海的傳統文化典籍中，遴選能夠涵養做人處事價值觀的、千古傳誦的經典原文，使學生透過誦讀學習，由淺入深地提高對中華文化的認知度，潛移默化地增強對文化的自覺與自信，認真汲取其思想精華和道德精髓，真正實現中華文化在青少年身上的傳承與弘揚。

二、尊重中華文化自身固有的特性。從「國文」（語言文字）、「國史」（歷史統系）、「國倫」（倫理道德）三個層面選取古典篇目，兼顧德性培育、知性開發與美感薰陶。因為中華文化本身即是「國文」「國史」與「國倫」的綜合，德性、知性與美感的統一。

三、 尊重學生發展不同階段的特點。選取篇目力求平和中正，典雅優美，貼近生活，明白曉暢，讀來趣味盎然；由易到難，由淺入深，循序漸進，合理編排，使學生先領會傳統文化的趣、美、真，進而達於善。

四、 兼顧篇章組合的系統性和多元性。以家國情懷、社會關愛、人格修養為主線，分主題展示中華文化。篇目選取不限某家某派，不拘文類，義理、詩文、史傳等兼收並蓄，異彩分呈。同時注意選文的易誦易記，便於學生誦讀。

中華文化源遠流長，凝聚著古聖先賢的智慧，亦是安身立命的基礎與根本。本套書古今貫通，傳承優秀文化；兼收並蓄，汲取異域英華，對推動中華文化創造性轉化、創新性發展，以及培育才德兼備的下一代，意義深遠。

本書編委會

目　錄

志高遠

士不可以不弘毅，任重而道遠。

自古以來，許多傑出人物都把立志作為邁向成功的起點。因為立志高遠，陳勝才能成為農民起義的領袖，諸葛亮才能成為傑出的政治家，王陽明才能成為文武兼備的全才，顏之推家族才能成為古代著名的文化世家。

❶學先立志①

〔明〕王陽明

夫[ㄈㄨˊ]②學，莫先於立志。志之不立，猶不種其根而徒③事培擁④灌溉，勞苦無成矣。

①選自《王陽明全集》（上海古籍出版社 1992 年版）。標題為編者所加。
②夫：用在句子開頭，表示要發議論。
③徒：徒然，徒勞。
④培擁：在植物根部堆土促進它生長。

　　對於學習而言，沒有什麼比立志更重要的了。不樹立志向，就好比種莊稼時不先植根，而只顧著給它培土、灌溉。這樣，儘管付出了辛勤的勞動，最終卻一無所獲。

做事應當先抓根本。確立目標是學有所成的關鍵。

王陽明立志做聖賢

王陽明，浙江餘姚人，明代著名的思想家、軍事家。

王陽明年幼時，父親給他聘了一位教書先生。有一次，他很認真地問這位先生：「什麼是人生的頭等大事？」先生鄭重其事地告訴他：「當然是好好讀書，考中進士。」王陽明搖了搖頭，說：「不對。」先生問：「那你認為什麼是最重要的？」王陽明說：「讀書做聖賢才是頭等大事啊！」

正因為有了「做聖賢」的目標，王陽明長大後成為文武全才，發展了儒家學說，並幫朝廷平定了寧王的叛亂。

❷素業成於志尚①

〔南北朝〕顏之推

　　有志尚者，遂能磨礪ㄌㄧˋ，以就素業；無履ㄌㄩˋ立②者，自茲墮ㄉㄨㄛ慢③，便為凡人。

①選自《顏氏家訓集解》（中華書局 1993 年版）。標題為
　編者所加。素業，先世所遺留下來的未竟之業。這裡相
　當於現代所說的「事業」。志尚，志向、理想。
②履立：操守，人的品德氣節。
③墮慢：懶惰，散漫。墮，通「惰」，懶惰。

文　意

　　有遠大理想的人，就能自我磨礪，以成就他們偉大的
事業；而那些沒有操守的人，從此就會變得懶散，成為平
庸的人。

志趣低俗，勢必玩物喪志。樹立了遠大志
向，才會有所成就。

玩物喪志

　　春秋時期，衛懿（一ˋ）公對養鶴入了迷。

　　他用精美的刺繡來裝飾鶴，讓鶴坐華美的車子，還封鶴為官。為了養鶴，他不斷向老百姓加派糧款。老百姓凍死餓死，他都不放在心上。

　　衛懿公在位的第九年，敵人攻打衛國。老百姓紛紛躲藏起來，將士們也不肯拿起武器與敵人戰鬥。衛懿公著急了，問道：「你們這是怎麼啦？」他們說：「您寵愛鶴，還是吩咐鶴去打仗吧。」後來，衛懿公勉強湊了一支軍隊迎戰，結果全軍覆沒，衛國都城也被敵人佔領。

❸志當存高遠①

〔三國〕諸葛亮

夫(ㄈㄨ)志當存高遠，慕先賢，絕情欲，棄疑滯(ㄓ)②，使庶(ㄕㄨ)幾(ㄐㄧ)之志③，揭然④有所存，惻(ㄘㄜ)然⑤有所感；忍屈伸⑥，去細碎，廣諮(ㄗ)問，除嫌(ㄒㄧㄢ)吝(ㄌㄧㄣ)⑦。雖有淹留⑧，何損於美趣，何患於不濟(ㄐㄧ)⑨。

▶諸葛亮像

8

①選自《諸葛亮集箋論》（陝西人民出版社 1997 年版）。
標題為編者所加。

②疑滯：同「凝滯」。這裡指鬱結在心中的俗念。疑，通
「凝」。

③庶幾之志：近似於先賢的志向。庶幾，接近，近似。

④揭然：高舉的樣子，引申為顯露崛起。

⑤惻然：懇切的樣子。

⑥忍屈伸：忍受失敗。屈伸，屈曲和伸直，借指失意和得意。
這裡偏重於指不得意。

⑦嫌吝：怨恨與貪求。嫌，個人仇怨。吝，貪財吝嗇。

⑧淹留：滯留而沒有進達。這裡指不得意。

⑨濟：成就。

　　人應當有高尚遠大的志向，仰慕古代聖賢，拋棄私情
欲望，排除心中雜念，使聖賢的志向，在自己身上明顯地
存留，在自己內心深深地引起震撼；要能屈能伸，拋去瑣
碎的東西，多向他人學習請教，去除怨恨與貪求。即使一
時不得志，又何損於自己美好的情趣，又何愁理想不能實
現呢？

樹立遠大的志向，並且矢志不渝為之拼搏，終將大有作為。

你知道嗎

諸葛亮自比管樂（ㄩㄝˋ）

　　東漢末年，時局動盪，年輕的諸葛亮隱居於襄陽隆中，邊耕邊讀，悠閒自得，常將自己比作管仲、樂毅。那麼，管仲、樂毅是什麼人呢？

　　管仲是春秋時期齊國賢相。當時，各諸侯國不聽周天子命令，互相征伐。管仲輔佐齊桓公，富國強兵，使桓公成為一代霸主。

　　樂毅是戰國時燕昭王的大將。燕國曾遭齊國入侵。樂毅聯合韓、魏、趙、秦等國軍隊，征討齊國。齊軍戰敗，燕軍攻破齊國首都臨淄，為燕國報仇雪恥。

　　原來，諸葛亮將自己比作管仲、樂毅，是希望有朝一日能建功立業。

▲管仲像

▲樂毅像

❹鴻鵠之志①

〔漢〕司馬遷

陳涉少（ㄕㄠˋ）時，嘗與人傭（ㄩㄥ）耕②，輟（ㄔㄨㄛˋ）③耕之④壟（ㄌㄨㄥˇ）上，悵（ㄔㄤˋ）恨久之，曰：「苟⑤富貴，無相忘。」庸者⑥笑而應曰：「若⑦為庸耕，何富貴也？」陳涉太息曰：「嗟乎，燕雀安知鴻鵠（ㄏㄨˊ）之志哉！」

〈蘆葦天鵝圖〉〔清〕邊壽民

11

①選自《史記》（中華書局 1959 年版）。標題為編者所加。
　鴻鵠之志，比喻遠大的志向。鴻鵠，天鵝，大鳥。
②傭耕：指受雇為人耕種。
③輟：中止，停止。
④之：到。
⑤苟：如果。
⑥庸者：這裡指受雇耕種田地的人。庸，通「傭」。
⑦若：你。

文　意

　　陳涉年輕時，曾經同別人一起被雇傭耕地。有一次，他停止耕作，走到田埂上休息，惆悵惱恨了很久，說：「如果我將來富貴了，我不會忘記你們的。」同伴笑著回答說：「你只是個被雇傭耕地的人，哪裡有什麼富貴可言呢？」陳涉長嘆了一口氣說：「唉，燕雀怎麼能理解鴻鵠的志向呢！」

出身相同的人，有的一生碌碌無為，有的卻能建功立業，名垂青史，這與他們從小樹立的志向有很大關係。

乘風破浪

　　宗愨（ㄑㄩㄝˋ）是南北朝時期人。他年少的時候，叔父宗炳問他的志向是什麼，宗愨回答：「願乘長風，破萬里浪。」

　　宗愨長大後成為一名將軍，被皇帝派去攻打入侵的敵人。敵人用大象作戰，宗愨的軍隊無法抵擋，損失慘重。這時候，宗愨突然想起獅子是百獸之王，定能鎮服大象。於是下令讓士兵雕刻木頭，製成獅子的頭套和面具，再披上黃袍，扮成獅子。果然，敵方的大象看到「獅子」來了，驚恐萬分，紛紛逃散。宗愨的軍隊乘勝追擊，取得大捷。

　　此後，宗愨又為國家打了不少勝仗，立下了許多戰功，實現了年少時的理想。

行知園

我會背：夫學，莫先於立志……

我會背：有志尚者……

我會背：夫志當存高遠……

我會背：陳涉少時……

學而思

　　學習了本單元，請你想一想，高遠的志向與成就偉大的事業，兩者間有什麼關聯。

14

行且勉

1. 把下面這個故事講給父母聽，並說說自己的看法。

蜀之二僧

　　蜀地有兩個和尚，一個窮，一個富。窮和尚告訴富和尚說：「我打算到南海去，你看怎麼樣？」富和尚說：「憑藉什麼去呢？」窮和尚回答說：「我只要一個水瓶、一個飯缽就足夠了。」

　　富和尚說：「我好幾年來都想要雇船東下南海，還沒能去成呢，你這樣能去嗎？」

　　到了第二年，窮和尚從南海回來，並把這件事告訴了富和尚。富和尚感到很慚愧。

2. 志存高遠，勤奮學習，為民族復興奮發圖強，為人民利益建功立業，這是我們每一個敬業學子應有的境界和胸襟。請把同學們的志向寫下來，並想想看如何實現志向。

我長大了
要做……

怎樣才能實現
我們的志向呢？

我的志向是……

第二單元

當自強

自強是中華民族的傳統美德。歷代先賢都強調要以自強不息、奮發進取的態度對待生活。自強不息的民族精神永遠激勵著中華兒女奮勇前進。

❺自勝者強（節選）①

《老子》

知人②者智，自知③者明。勝人有力④，自勝者強。

①選自《老子校釋》（中華書局 1984 年版）。標題為編者
　所加。自勝，克制自己，戰勝自己。
②知人：能鑑察人的品行、才能。
③自知：認識自己，了解自己。
④有力：有力量，分量重。

　　了解別人的人確實聰慧，了解自己的人最為明智。能
戰勝別人的人有力量，能戰勝自己的人最強大。

能了解自己、戰勝自己的人，才是真正的強者，才會獲得
成功。

大器晚成

　　閻若璩（ㄑㄩˊ），字百詩，清初學者，人稱潛邱先生。據說他從小口吃，反應遲鈍，記憶力也不好。

　　閻若璩雖稟賦不高，但有一種吃苦的精神，總是將書讀得滾瓜爛熟才甘休。他博覽群書，將古人的格言「一物不知，以為深恥」作為座右銘，激勵自己。

　　閻若璩在二十歲時，讀《古文尚書》，懷疑它是偽書，於是潛心研究了三十餘年。後來，他將自己的研究成果寫成書，震驚了學術界。

❻自強不息①

（一）

《周易·乾》

天行健②，君子以自強不息。

（二）

《周易·坤》

地勢坤③，君子以厚德載物。

▼〈雪中梅竹圖〉（局部）　〔宋〕徐禹功

①選自《周易正義》（北京大學出版社 1999 年版）。標題
　為編者所加。自強不息，自己努力向上，永不鬆懈。
②健：強有力。
③坤：順。

（一）

上天的運行剛健有力，君子應發憤圖強，永不停止。

（二）

大地的形勢厚實和順，君子應度量寬厚，容載萬物。

自強不息、厚德載物是中華民族生生不息的力量源泉，也
是我們做人的精神指南。

著名大學的校訓

　　校訓是一所學校校風、教風、學風的集中體現。中國傳統文化對中國大學校訓影響深遠。很多著名大學的校訓都來源於傳統典籍。

　　清華大學：自強不息　厚德載物

　　中國人民大學：實事求是

　　南開大學：允公允能　日新月異

　　武漢大學：自強　弘毅　求是　拓新

　　山東大學：學無止境　氣有浩然

　　復旦大學：博學而篤志　切問而近思

　　中山大學：博學　審問　慎思　明辨　篤行

　　廈門大學：自強不息　止於至善

　　四川大學：海納百川　有容乃大

❼天降大任①

《孟子・告子下》

故天將降大任於是②人也，必先苦其心志，勞其筋骨，餓其體膚，空乏③其身，行拂④亂其所為，所以動心忍性⑤，曾ㄗㄥ益⑥其所不能。

①選自《四書章句集注》（中華書局 1983 年版）。標題為
　編者所加。
②是：這個。
③乏：貧乏。這裡指「使……貧乏」。
④拂：違背。
⑤動心忍性：使內心警覺，性格堅韌。
⑥曾益：增加。曾，同「增」。

文 意

　　所以上天將要賦予一個人重要使命時，一定會先讓他
內心痛苦，筋骨勞累，使他經受饑餓和貧困之苦，做事總
是不如意，通過這些磨煉來使他內心強大，性格堅韌，增
加他所不具備的才能。

苦難變成財富的首要條件是自強自立，只有能承受並戰勝
苦難，苦難才能轉化為財富。

五羖大夫

百里奚（ㄒㄧ）是春秋時期虞國人。虞國滅亡後，他淪為晉國的奴隸，後從晉國來到秦國，由於不甘心做奴隸便擇機逃跑了，可惜不久又被楚國人抓獲。

秦穆公聽說百里奚很有才華，於是派人去楚國尋找他，並將他贖回。百里奚來到秦國後，秦穆公與他交談好幾天，對他十分讚賞，封他為大夫。因為秦穆公贖他時僅用了五張黑公羊皮，所以他被稱為「五羖大夫」。

在百里奚的輔佐下，秦穆公改革內政，操練兵馬，很快成為春秋五霸之一。

雪積袁安宅閉門羞
領僵呼童掃竹雪厓
渴試烹書隆慶戊辰
臘月既望念山子陸治

〈袁安臥雪圖〉〔明〕陸治

⑧老當益壯，窮且益堅①

〔唐〕王勃

老當益壯，寧②移③白首之心；窮且益堅，不墜④青雲之志⑤。

 釋

①選自《王子安集注》（上海古籍出版社 1995 年版）。標
　題爲編者所加。益，更加。窮，困窘，處境困難。
②寧：難道。
③移：改變，變動。
④墜：落，掉下，往下沉。這裡指放棄。
⑤青雲之志：比喻高遠的志向。

文　意

　　年紀越大，越要有雄心壯志，難道因為滿頭白髮就改
變自己的心志？處境越是艱難，越應堅忍不拔，決不能放
棄遠大的抱負。

無論時間怎樣推移，境遇如何變化，都要自強不息，永不
放棄。

馬援不服老

　　馬援，字文淵，東漢初名將，官至伏波將軍，南征北戰，立下了赫赫戰功。

　　建武二十三年（47年），南方的五溪蠻作亂，朝廷幾次派人征討，都被打敗。第二年，年過六旬的馬援主動向光武帝請纓出戰。光武帝憐惜他年紀大，沒有馬上應允。馬援說：「我還能披上鎧甲，上馬作戰。」光武帝讓他試試，馬援躍上馬背，回頭盼顧。光武帝稱讚他：「好一個精神矍鑠的老漢！」於是，答應他帶兵南征。

　　南征困難重重，馬援意氣自如，壯心不減當年，將士們都備受鼓舞。不幸的是，馬援在軍中染病去世。馬援死後不久，部下按照他的部署降服了五溪蠻。

❾勾踐嘗膽①

〔漢〕司馬遷

越王句踐②反③國，乃苦身焦思④，置膽於坐⑤，坐臥⑥即仰膽，飲食亦嘗膽也。

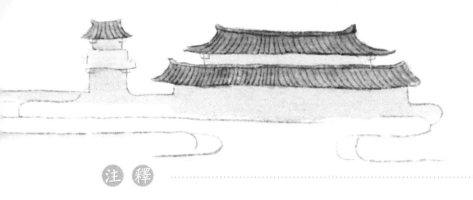

注 釋

①選自《史記》（中華書局 1959 年版）。標題為編者所加。
②句踐：亦作「勾踐」，春秋時越國國君。
③反：同「返」，返回。
④苦身焦思：形容為某事憂心苦思。苦身，讓身體勞累。
　焦思，焦苦思慮。
⑤坐：同「座」，座位。
⑥坐臥：坐和臥。這裡指日常起居。

文 意

　　越王勾踐回到越國後，就勞苦軀體，焦思苦慮。他在座位上面掛了一隻苦膽，無論是坐下來休息，還是躺著睡覺，抬頭就能看見那隻苦膽。吃飯喝水時，也先嘗嘗那膽的苦味。

用苦難磨礪自己，激發自己的鬥志，就有戰無不勝的強大動力。

自強新政

　　1861年，咸豐皇帝病逝，同治皇帝登基。面臨著太平天國和英法聯軍的雙重威脅，清政府採取了一系列自強措施，史稱「自強運動」，又稱「自強新政」。

　　自強新政的主要內容是：聘用外國軍官，購買槍炮，訓練軍隊，為製造槍炮而創辦軍事工業，重要的有江南製造局、福州船政局等。還籌建了南洋、北洋海軍，並派留學生出國學習海軍方面的知識和造船技術，又相繼創辦了工礦和運輸業。

　　1894年，中日甲午戰爭爆發。甲午戰爭以中國戰敗告終，同時也宣告了清政府主導開展的自強新政已經徹底失敗。但是，自強新政促進了軍事、政治、經濟、文化、教育等方面的現代化，為清政府培養了大量的人才，推動了中國的進步。

行知園

會背：知人者智⋯⋯

我會背：天行健⋯⋯

我會背：故天將降大任於是人也⋯⋯

我會背：老當益壯⋯⋯

我會背：越王句踐反國⋯⋯

學而思

　　自強不息的民族精神是中華民族精神的根本體現。請你想一想，新時期我們該如何堅持弘揚和培育自強不息的民族精神。

行且勉

1. 詹天佑先生說：「各出所學，各盡所知，使國家富強不受外侮，足以自立於地球之上。」請你寫出三位為了國家富強、民族復興而自強不息的英雄前輩。

2. 我們在學習和生活中會遇到很多困難，敢於面對困難和戰勝困難就意味著成長。請列舉同學不怕困難、自強不息的事例。

第三單元

貴以恒

　　繩鋸木斷，水滴石穿。有遠大目標的人往往堅韌執著，他們為了實現理想而不懈努力，即使遭遇艱難困苦，仍然能披荊斬棘、乘風破浪。

▲〈枯木竹石圖〉 〔宋〕蘇軾

❿堅忍不拔①

〔宋〕蘇軾

古之立大事者，不唯②有超世
之才，亦必有堅忍不拔之志。

①選自《蘇軾文集》（中華書局 1986 年版）。標題為編者
　所加。
②不唯：不僅，不但。

　　古代能夠成就一番大事業的人，不僅有超乎常人的才
華，也一定有堅忍不拔的意志。

機會只留給有準備的人，而首先要準備的是堅忍不拔的意
志和迎難而上的鬥志。

項羽不肯竟學

　　項羽是楚國名將項燕的孫子，自幼隨叔父項梁長大。

　　他身材高大，力氣過人。項梁讓他讀書，他不願意讀；讓他學劍，他也不感興趣。他說：「讀書，不過是記記姓名而已。學劍，也不過是與一人搏鬥罷了。我要學習萬人敵的本領。」項梁聽他口氣很大，於是就教他兵法。但是，項羽沒有恒心，知曉一點兵法的皮毛後，他就又不願意學下去了。

　　陳勝、吳廣起義後，項梁、項羽起兵回應。秦朝滅亡後，項羽自封為「西楚霸王」，但最終被劉邦打敗。

⑪一暴ㄆㄨ十寒①

《孟子·告子上》

雖有天下易生之物也，一日暴之，十日寒之，未有能生者也。

①選自《四書章句集注》（中華書局 1983 年版）。標題為
　編者所加。暴，同「曝」，晒。寒，凍。

　　即使天底下有最容易生長的植物，如果把它晒一天，
再凍十天，也沒有能成活的。

無論是做人，還是做事，都要堅持。三天打魚，兩天晒網，
是無法成功的。

鐵杵磨成針

　　傳說，李白幼年讀書時，遇到書中有些難懂的地方，就將書丟在一邊，不想學了。有一次，他路過一條小溪，見到一個老奶奶在那裡磨一根鐵杵，他感到奇怪，於是就問：「老奶奶，您在做什麼呀？」老奶奶說：「我要把這根鐵杵磨成針。」

　　李白十分驚訝，問道：「這麼粗的鐵杵能磨成針嗎？」老奶奶說：「只要功夫深，鐵杵磨成針。」李白是個悟性很高的孩子。他一下子就明白了：只要有恒心，什麼事都能做成。

　　從此，李白開始努力學習，長大後成為著名詩人。

▲〈李白行吟圖〉
〔宋〕梁楷

⑫鍥（くぜ）而不捨①

《荀子‧勸學篇》

不積跬（丂ㄨㄟ）步②，無以③至千里；不積小流，無以成江海。騏（く一）驥（丩一）④一躍，不能十步；駑（ㄋㄨ）馬十駕⑤，功在不捨。鍥而捨之，朽木不折；鍥而不捨，金石⑥可鏤（ㄌㄨ）⑦。

41

①選自《荀子集解》（中華書局 1988 年版）。標題為編者
　所加。鍥，雕刻。
②跬步：半步。這裡形容距離短。古代稱舉足一次為跬，
　舉足兩次為步。現在的一步，古代稱「跬」。現在的兩步，
　古代稱「步」。
③無以：沒有用來⋯⋯的辦法。
④騏驥：駿馬。
⑤駑馬十駕：劣馬拉車走十天。駑馬，劣馬。駕，量詞，
　馬拉車一日為一駕。
⑥金石：金屬和石頭。泛指堅硬的東西。
⑦鏤：雕刻。

文 意

　　沒有一步半步的積累，就無法到達千里以外；沒有一
條條涓涓細流的匯集，就不能形成江河湖海。駿馬再快，
一躍也不能超出十步；而劣馬拉車走十天也能走得很遠，
牠的成功就在於不停地走。雕刻幾下就停下來，即使是腐
朽的木頭也刻不斷；堅持不斷地刻下去，即使是堅硬的東
西也能雕刻成功。

成敗往往取決於堅持與否。堅持是一種品質，是優秀者必
備的素質。

耿恭鑿井

在古代戰爭中，水源常常成為決定勝負的關鍵因素。

東漢時期，大將耿恭與匈奴交戰。耿恭軍隊駐紮於城邊有澗水可飲的疏勒城。匈奴來攻城，見強攻不下，就斷絕城邊澗水，試圖困死漢軍。城裡的漢軍只好掘井解渴。鑿井十餘丈，仍不見水，軍士們饑渴難忍。

耿恭仍不放棄，堅持掘井。精誠所至，金石為開。井中終於出水。士兵們激動不已，不禁歡呼起來。耿恭大喜，命令士兵向城外潑水示威。匈奴見破城無望，只好退兵。

⓭讀《山海經》十三首（其十）①

〔晉〕陶淵明

精衛②銜微木，將以填滄海。

刑天舞干戚③，猛志故常在！

同物④既無慮，化去⑤不復悔。

徒設在昔心⑥，良晨詎曱⑦可待？

①選自《陶淵明集》（中華書局 1979 年版）。個別字句參
　照其他版本作了校改。《山海經》，古代文獻，保存了
　不少遠古的神話傳說。

②精衛：古代神話中的鳥名。《山海經》記載，古代炎帝
　有女名女娃，在東海淹死後，靈魂化為精衛鳥，每天銜
　著木石去填東海。

③刑天舞干戚：《山海經》記載，刑天與天帝爭權失敗後，
　被天帝砍了頭，埋在常羊山，但他不甘屈服，以兩乳為目，
　以肚臍當嘴，仍然揮舞著盾牌和板斧。干，盾牌。戚，斧。

④同物：同為生靈。這裡指活著。

⑤化去：化為異物。這裡指死去。

⑥在昔心：過去的雄心壯志。在昔，從前，往昔。

⑦詎：難道，怎麼。表示反問。

文 意

　　精衛口銜小小的木石，要用來填平茫茫大海。刑天失
敗後，仍揮舞著盾牌和板斧，剛毅的鬥志始終存在！精衛
和刑天，活著時對死亡無所顧慮，死後對自己的行為毫不
怨悔。我空有雄心壯志如昔，但實現壯志的好日子又怎麼
可以等得到呢？

再美好的理想，如果不能堅持不懈地去踐行，那也只能是
畫餅充饑。

傳說中的神鳥

精衛鳥　　形狀像烏鴉，頭部有花紋，白嘴，紅腳，祂的叫聲像在呼喚自己的名字。

重明鳥　　形狀像雞，叫聲像鳳凰。兩個眼睛各有兩個瞳孔，所以叫作重明鳥。傳說祂具有驅邪避災的能力。

比翼鳥　　形狀像野鴨，只有一隻眼睛、一個翅膀。只有雌雄兩隻鳥並翼才能飛行。

三青鳥　　又稱三鳥、青鳥。紅頭，黑目。傳說是西王母的使者，共三隻。本為多力健飛的猛禽。在後世的畫像中，漸漸演變為嬌弱依人的小鳥形象。

九頭鳥　　又稱九鳳、鬼車、鬼鳥。形狀像鴉，身體是紅色的，長有九個頭，九個頭都能鳴叫，鳴聲刺耳。

行知園

> 我會背：古之立大事者……

> 我會背：雖有天下易生之物也……

> 我會背：不積跬步，無以至千里……

> 我會背：精衛銜微木……

學而思

1. 寫一寫表示「貴以恒」的成語。

   鍥而不捨 ＿＿＿＿＿＿＿ ＿＿＿＿＿＿＿ ＿＿＿＿＿＿＿

2. 請與同學們一起分享一個你在學習、生活中持之以恆地挑戰挫折，直到最後取得成功的事例吧。

47

行且勉

　　古往今來，事業上有所成就者，大凡離不開兩條：一是有強烈的事業心和責任感，二是鍥而不捨的勤奮和努力，而這兩條的有機結合即為敬業精神。我們身邊就有很多具有這種敬業精神的人，請將他們的事蹟講給同學們聽聽。

李老師是我們的
好榜樣……

我的爸爸
太棒了……

第四單元

學與思

　　學問之道，既在於學，又在於思。始於學，成於思。知識的增長不僅需要學習，也需要思考。學與思是相輔相成的，學而不思或思而不學，都不可能獲得真知，取得成功。

⓮學思並重①

（一）

《論語 · 為政》

子曰：「學而不思則罔ㄨㄤˇ②，思而不學則殆ㄉㄞˋ③。」

（二）

《論語 · 衛靈公》

子曰：「吾嘗終日不食，終夜不寢，以思，無益，不如學也。」

◀〈論語一章〉（局部） 徐悲鴻

注 釋

①選自《四書章句集注》（中華書局 1983 年版）。標題為
　編者所加。
②罔：迷惘而無所得。
③殆：疑惑而無所得。

文 意

（一）

　　孔子說：「只讀書學習而不思考，就會感到迷惘而無
所得；只空想而不讀書學習，就會因為疑惑而無所得。」

（二）

　　孔子說：「我曾經整天不吃，整夜不睡，進行思考，
但是毫無益處，不如去讀書學習。」

學習與思考就像人的兩條腿，不可偏廢。要想走得遠，既
要勤於學習，又要善於思考。

王戎識李

王戎是魏晉時期人，與山濤、向秀、嵇康、阮咸、阮籍、劉伶一起並稱「竹林七賢」。

王戎從小聰明機智，善於觀察思考。七歲的時候，他和小朋友們一起遊玩，看到路邊有一棵李樹。樹上長滿李子，樹枝都被壓彎了。小朋友們爭先恐後跑去摘李子，只有王戎一人不動。

有人問他：「你怎麼不去摘呀？」王戎答道：「那樹上的李子一定是苦的，你看，這李樹長在路旁，而每天都有人走過，如果李子又甜又香，早就被摘光了。」小朋友們摘來一嘗，果然是苦的。

15博學慎思①

《中庸》

博學之，審②問之，慎思之，明③辨之，篤ㄉㄨˇ④行之。

〈伏生授經圖〉〔明〕杜堇

文 意 ....

　　廣泛地學習，詳細地探究，慎重地思考，明晰地分辨，
踏實地履行。

　　在學與思的過程中，博學、審問、慎思、明辨、篤行要循
序漸進，持之以恆。

見微知著

春秋後期，魯國的邱（ㄏㄡˋ）成子善於思考，智慧過人。

有一次，他出使晉國，途經衛國，衛國的榖臣熱情地設宴招待他。榖臣命令樂隊奏樂，酒過三巡，又送給邱成子一塊璧。邱成子沒有推辭，不動聲色地收下了。

邱成子從晉國返還時，途經衛國，沒向榖臣辭行，徑直回國。隨從人員感到很奇怪。

邱成子說：「榖臣設宴招待我，是要我快樂，但樂曲並不歡快，這說明他有憂愁。在喝酒時，他又把貴重的璧送給了我，這是將重要的東西寄託給我。種種跡象表明，衛國將有大的禍亂發生。」

果然，離開衛國三十里，邱成子聽說衛君被殺，榖臣也殉難。邱成子回國後，迅速派人去衛國，把榖臣的妻子兒女接到魯國。

⑯學思相資①

〔清〕王夫之

　學非有礙②於思，而學愈③博則思愈遠；思正④有功於學，而思之困⑤則學必勤。

①選自《船山全書》（嶽麓書社 2011 年版）。標題為編者
　所加。相資，相互憑藉，相互資助。這裡指互相促進。
②礙：妨礙。
③愈：更加。
④正：正好，恰恰。
⑤困：困難，疑惑。

文 意

　　學習並不妨礙思考，學的東西越廣博，思路就會越深
遠開闊；思考恰恰有利於學習，思考中的困惑，必然會促
進更勤奮地學習。

學習和思考相輔相成。會學、會思，
學習才有成效。

沈括上山訪桃花

　　沈括是宋代著名科學家。他小時候非常好學，有一次讀到唐代詩人白居易的詩〈大林寺桃花〉，非常喜歡。詩中有「人間四月芳菲盡，山寺桃花始盛開」的句子，他覺得很奇怪：為什麼山上的桃花要到四月才盛開呢？

　　為了尋找答案，他就到山上進行實地考察。到了山上後，沈括發現桃花開得晚是因為山上的溫度比山下低很多。

　　正是憑著這種有疑必問、有問必求的精神，沈括寫出了《夢溪筆談》。

⑰於不疑處有疑①

〔宋〕張載

　所以②觀書者，釋③己之疑，明己之未達④。每見每知所益⑤，則學進⑥矣。於不疑處有疑，方是進矣。

注 釋 ⋯⋯⋯⋯⋯⋯⋯⋯⋯⋯⋯⋯⋯⋯⋯⋯⋯⋯⋯⋯⋯⋯

①選自《張載集》（中華書局 1978 年版）。標題為編者所加。不疑處，平時認為沒有疑問的地方。

②所以：表示「⋯⋯的目的」。

③釋：放下。這裡指消除。

④達：通曉。

⑤益：增加。這裡指增加的知識。

⑥進：進步，長進。

文 意 ⋯⋯⋯⋯⋯⋯⋯⋯⋯⋯⋯⋯⋯⋯⋯⋯⋯⋯⋯⋯⋯⋯

　　讀書的目的，在於消除自己的疑問，弄懂自己不清楚的地方。每次讀書都能理解自己所獲的新知，就說明學習進步了。在平時自認為沒有疑問的地方發現疑問，才說明自己進步了。

發現疑問，提出問題，是一種能力。善於思考，永不滿足，才能不斷進步。

戴震難師

　　清代學者戴震小時候學習非常認真，善於思考。有一次，老師給他講解《大學章句》。講到「右經一章」時，老師說：「這是孔子的話，而由曾子記述。下面十章，是曾子的意思，由曾子的學生記下來。」戴震問老師：「您是怎麼知道的？」

　　老師回答：「這是朱熹說的。」

　　他馬上問：「朱熹是什麼時候的人？」

　　「宋朝人。」

　　「孔子、曾子是什麼時候的人？」

　　「周朝人。」

　　「周朝和宋朝相隔多少年？」

　　「差不多兩千年了。」

　　戴震問：「相隔這麼久，朱熹怎麼會知道？」

　　老師無法回答說：「這不是個尋常孩子啊。」

　　戴震讀書時勤於動腦，善於思考，這為他以後成為大學問家奠定了基礎。

⑱移居二首（節選）①

〔晉〕陶淵明

鄰曲②時時來，抗言③談在昔。
奇文共欣賞，疑義相與④析。

《十八學士圖·書》〔明〕佚名

注 釋

①選自《陶淵明集》（中華書局 1979 年版）。移居，遷居。
②鄰曲：鄰居。
③抗言：高談闊論。抗，同「亢」，高的意思。
④相與：共同，一道。

 文 意

　　鄰居朋友經常來我這裡，我們一起暢談過去的事情。
有好文章大家共同欣賞，遇到疑難處大家一同分析研究。

學習離不開交流。朋友間的交流，有時會互相啟迪，讓困
惑隨之化解。

集思廣益

劉備死後，蜀國所有的大小政事都靠諸葛亮來處理。

諸葛亮有個部下叫楊顒（ㄩㄥ╱），見他事必躬親，就勸他：「聽說有一個人，他本來把家裡安排得很有條理，耕稼、炊事等家務各有分工，因此，他衣食無憂，過得悠閒自在。忽然有一天，這個人將所有事務攬在自己身上，結果這個人疲憊不堪，一事無成。現在丞相一切都要親力親為，不是像這個人一樣太辛苦了嗎？」

後來諸葛亮下了一道文告，提出：「夫參署者，集眾思，廣忠益也。」這就是成語「集思廣益」的來歷。

行知園

口能誦

我會背：學而不思則罔⋯⋯

我會背：博學之，審問之⋯⋯

我會背：學非有礙於思⋯⋯

我會背：所以觀書者⋯⋯

我會背：鄰曲時時來⋯⋯

學而思

　　人類社會的文明與發展都是以不斷學習、交流和創新為動力的。請你依據自己的學習經驗，談一談學習與思考的關係。

行且勉

　　能發現問題、提出問題是善於思考的重要標誌。請結合自己的學習情況，把自己在課堂上提出的有價值的問題列出來。

我提出的
問題有

第五單元

勤自省

　　經常反思自己說過的話、做過的事，總結經驗，吸取教訓，這就是自省，這是我們取得進步、走向成功的好方法。古人說，一天之內要自省多次，想想自己在哪些方面存在不足。古人把自省當作提高人生修養的重要途徑，很值得我們學習。

⑲ 三省吾身①

《論語・學而》

    曾子②曰：「吾日三省吾身：為人謀③而不忠乎？與朋友交而不信乎？傳④不習乎？」

辛巳二月十六夜
夢一兩示三省二字
翼日書此以自勖勵
晚晴老人

▲弘一法師書法

68

①選自《四書章句集注》（中華書局 1983 年版）。標題為
　編者所加。三省，多次反省。古人常用「三」「九」等
　數字表示次數多。
②曾子：曾參，孔子的學生。
③謀：謀事、辦事。
④傳：傳授。這裡指傳授的學業、知識。

文　意

　　曾子說：「我每天都多次反省自己：為別人謀事是否
盡心竭力了呢？與朋友交往是否誠實守信了呢？老師傳授
的知識是否溫習了呢？」

每天都自我反省，找出自己的不足，加以改正，就會不斷
進步。

古人的名和字

　　中國宋元之際的史學家胡三省，是《資治通鑑音注》的作者，字身之，他的名和字就取自《論語》裡的「吾日三省吾身」。中國古人既有姓、名，又有字、號，字是從名派生出來的。古人的字和名之間往往有非常緊密的相關。有的字與名同義，例如杜甫，字子美，「甫」就有「美」的意思；有的字與名的意思相反或相對，例如韓愈，字退之。古人在稱呼別人的時候，往往稱他的字，表示尊敬。

⑳見賢思齊①

《論語・里仁》

子曰：「見賢思齊焉，
見不賢而內②自省也。」

①選自《四書章句集注》（中華書局 1983 年版）。標題為
　編者所加。賢，德才兼備的人。齊，看齊。
②內：內心。

文 意

　　孔子說:「看見有道德有才能的人，就要想著向他看齊；
看見品行不好的人，就要在內心反省自己是否有和他一樣
的缺點。」

以人為鏡，學習他人的優點，反思自己的缺點，就能更好
地認識自己，提升自己。

曾國藩寫日記

　　清末洋務派和湘軍首領曾國藩年輕的時候，比較自負，總愛批評別人。三十歲時，他意識到自己的不足，決心向孔子、孟子學習，做他們那樣的聖賢。於是，他開始寫日記。他的日記很簡單，就是將每天的吃飯、談話、所作所為等日常事項都記錄下來，看看自己哪些地方不符合聖賢的要求，然後進行深刻反省並改正。通過寫日記這種方式，他不斷完善自己，最終成為一代名臣。

▲〈悟陽子養性圖〉（局部） 〔明〕唐寅

㉑反求諸己①

《孟子‧離婁上》

愛人不親，反其仁；治②人不治，反其智；禮③人不答，反其敬。行有不得者，皆反求諸己，其身正而天下歸之。

注 釋

①選自《四書章句集注》（中華書局 1983 年版）。標題為
　編者所加。反，反省。求，尋求。
②治：治理，管理。
③禮：禮貌地對待。

 文 意

　　關愛別人，別人卻不親近你，就應該反省自己的仁愛
夠不夠；管理別人，卻沒有管好，就應該反省自己的才智
夠不夠；待人以禮，卻得不到禮貌的回答，就應該反省自
己夠不夠恭敬。任何行為如果沒有取得應有的效果，都應
該反過來從自己身上找原因。只要自己品行端正了，天下
人自然就會歸向他。

問題產生的原因有多種，多從自身找原因，就能不斷完善
自己。

文彥博數豆子

　　文彥博，北宋時期著名政治家。相傳文彥博小時候經常犯錯，父親為此憂心忡忡。文彥博為了督促自己改正缺點，就準備了兩個罐子，做了好事，就在一個罐子裡放一粒紅豆；做了錯事，就在另一個罐子裡放一粒黑豆。過一段時間，他就數一數兩個罐子裡的豆子。開始的時候，黑豆總是比紅豆多，文彥博就反思自己的所作所為，不斷改進。慢慢地，紅豆多起來了。後來，裝黑豆的罐子就用不上了，而裝紅豆的罐子漸漸滿了。這兩個罐子讓他一生受益匪淺。

▲〈步輦圖〉 〔唐〕閻立本

㉒以人為鏡①

《舊唐書‧魏徵傳》

嘗臨朝②謂侍臣曰：「夫ㄈㄨˊ以銅為鏡，可以正③衣冠；以古④為鏡，可以知興替⑤；以人為鏡，可以明得失。朕常保此三鏡，以防己過。今魏徵ㄓㄥ⑥殂ㄘㄨˊ逝⑦，遂亡一鏡矣！」

注　釋

①選自《舊唐書》（中華書局 1975 年版）。本標題為編者
　所加。
②臨朝：皇帝親臨朝廷，處理政事。
③正：使⋯⋯端正。
④古：時代久遠的。這裡指歷史。
⑤興替：盛衰，成敗。
⑥魏徵：唐代著名政治家，以敢於直諫（ㄐㄧㄢ丶）聞名。
⑦殂逝：逝世。

文　意

　　唐太宗曾經在朝廷上對大臣們說：「用銅做鏡子，可
以端正穿戴；用歷史做鏡子，可以知道國家興亡更替的道
理；用人做鏡子，可以明白自己的得失。我時常用這三面
鏡子提醒自己，防止自己犯錯。現在魏徵去世了，我失去
了一面鏡子啊！」

做個勤於自省的人，以歷史為借鑑，以他人為借鑑，不斷
反思，不斷進步。

78

鏡　子

　　鏡子在日常生活中很常見，它用玻璃製成，主要功能是幫助人們整理儀容。但是，在中國古代，鏡子並不是用玻璃製作的。

　　上古的鏡，叫監，就是大盆的意思。「監」的甲骨文字形，是一個人彎著腰，睜大眼睛，從裝有水的器皿中照看自己的面容。後來出現了金屬器皿，就有了金字底的「鑑」字。

　　戰國時期，銅鏡已經比較流行。銅鏡並不是純銅鏡，而是青銅鏡，即用銅和其他金屬的合金製作的鏡子。漢代以後，鏡子漸漸走入尋常百姓家，製作也更加精美。當然，銅鏡沒有玻璃鏡那麼清晰，事實上，古人使用銅鏡需要經常磨光。明代，玻璃鏡從歐洲傳入中國。清代乾隆（1736—1795年）以後，玻璃鏡逐漸普及。

㉓薄責於人①

〔元〕許衡

責得人深者必自恕②，責得己深者必薄③責於人，蓋④亦不暇ㄒㄧㄚˊ⑤責人也。自責以至於聖賢地面⑥，何暇有工夫責人？

注　釋

①選自《魯齋遺書》（文淵閣四庫全書本）。標題為編者
　所加。責，指責，責備。
②自恕：自己原諒自己。這裡指推卸責任。
③薄：輕微，少。
④蓋：連詞，表示原因。
⑤暇：閒置時間。
⑥地面：境界。

文　意

　　對別人責備得多，那一定是在推卸自己的責任，對自
己責備得多，那麼必然就對別人責備得少，這也是因為沒
有時間去責備別人。自責多的人，達到了聖賢的境界，哪
裡有閒工夫去責備別人？

面對錯誤，最重要的是找自己的缺陷與不足，而不是過多
地去指責別人，以自省靜內心、促和諧。

心中有主

　　許衡是宋元之際著名的大學者。他嚴於律己，品德高尚，為世人所稱道。

　　一天，許衡和眾人一起外出，因天氣炎熱，大家都口渴難耐。正好路邊有一棵梨樹，黃澄澄的梨子掛滿枝頭。眾人又驚又喜，爭著摘梨解渴，唯獨許衡坐在樹下，不去摘梨。有人勸他說：「現在世道很亂，梨樹的主人早就逃走了，這梨樹沒有主人，摘幾個梨吃，又有什麼關係呢？」許衡卻嚴肅地說：「不是自己的東西就不能亂吃。梨樹沒有主人，我的心中難道也無主嗎？」大家聽了許衡的話，頓時對他肅然起敬。

口能誦

我會背：吾日三省吾身……

我會背：見賢思齊焉……

我會背：愛人不親……

我會背：夫以銅為鏡……

學而思

1. 想一想下面成語的意思。

   反躬自省　　閉門思過　　捫（ㄇㄣˊ）心自問

2. 讀一讀下面兩句話，想一想它們的意思。

   正己而不求於人則無怨。上不怨天，下不尤人。

   ──《中庸》

   子曰：「內省不疚，夫何憂何懼？」──《論語·顏淵》

行且勉

　　人們常說：「鏡子要朝著自己。」當你和同學發生衝突或因過失傷害了他人，影響了人際和諧時，當你犯錯誤受到批評時，你是一味地指責別人，還是深刻地反省自己？讀了本單元，你一定有很多感觸吧！請結合具體的事例給大家講一講。

同學們不願意和我玩，我應該多想一想是不是自己的交友方式有問題呢？

我以前最討厭別人批評我，現在我知道了……

……

第六單元

愛丘山

「登山則情滿於山，觀海則意溢於海。」自古以來，文人墨客就與山水結下不解之緣。他們或走向山林，傾吐萬丈豪情；或寄情山水，尋求精神慰藉。山水人文情懷成為中華傳統文化中一道獨特的風景線。

▲〈陶淵明〉　〔元〕佚名

㉔〈歸園田居〉（節選）①

〔晉〕陶淵明

少_{ㄕㄠˇ}無適俗② 韻③ ，性本愛丘山。

誤落塵網④ 中，一去三十年。

羈_{ㄐㄧ}鳥⑤ 戀舊林，池魚⑥ 思故淵。

開荒南野際，守拙⑦ 歸園田。

注　釋

①選自《陶淵明詩箋證稿》（中華書局 2007 年版）。
②適俗：迎合世俗。
③韻：情趣。
④塵網：人在世間有種種拘束，如陷網中，故稱塵網。
⑤羈鳥：被束縛在籠子裡的鳥。羈，捆縛，引申為束縛。
⑥池魚：池塘裡的魚。
⑦守拙：安於愚拙而不取巧。

文　意

　　我從小便沒有迎合世俗的情趣，生性喜歡田園山野的樂趣。誤入塵世的羅網中，一轉眼已經三十年了。關在籠中的鳥兒留戀生活過的樹林，養在池中的魚兒思念遨遊過的深潭。我回到家鄉南面的山野，開墾荒地，安於愚拙，過著田園生活。

遠離塵世喧囂，享受田園野趣，讓我們到大自然中品味人生真諦，在田園生活中體驗幸福人生吧。

詩人與廬山

廬山又名匡山、匡廬，是中華十大名山之一，同時也是文化名山，歷史上無數詩人在廬山留下了大量膾炙人口的詩篇。

陶淵明以廬山為背景創作了〈歸園田居〉〈飲酒〉等作品。其詩多描繪田園風光及其在農村生活的情景，語言質樸自然且精練。

謝靈運的〈登廬山絕頂望諸嶠〉、鮑照的〈登廬山望石門〉等，是中國較早的一批山水詩。

李白的〈望廬山瀑布〉用誇張的比喻和浪漫的想像，寫出了廬山瀑布的雄壯奇麗、萬千氣象。

白居易遊廬山大林寺，時已孟夏，見桃花依然盛開，於是寫下〈大林寺桃花〉一詩。

蘇軾的〈題西林壁〉是登臨廬山，飽覽美景後的有感之作。通過描述廬山不同的形態變化，深入淺出地表達哲理，親切自然，耐人尋味。

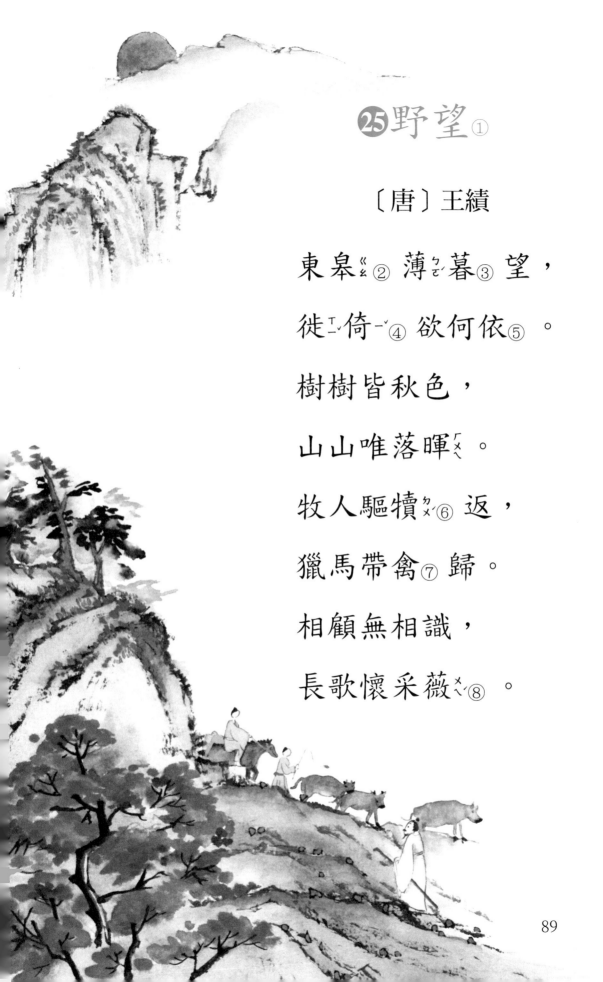

㉕野望①

〔唐〕王績

東皋ㄍㄠ②　薄ㄅㄛ暮③望，

徙ㄒㄧ倚ㄧˇ④　欲何依⑤。

樹樹皆秋色，

山山唯落暉ㄏㄨㄟ。

牧人驅犢ㄉㄨˊ⑥　返，

獵馬帶禽⑦歸。

相顧無相識，

長歌懷采薇ㄨㄟ⑧。

89

①選自《全唐詩》（中華書局 1999 年版）。

②東皋：泛指田野或高地。這裡指詩人隱居的地方。王績自號東皋子。

③薄暮：傍晚。薄，迫近。

④徙倚：徘徊，流連不去。

⑤依：依從，歸依。

⑥犢：小牛。

⑦禽：鳥類的通稱。這裡指獵物。

⑧采薇：採食野菜。據《史記·伯夷列傳》，商末孤竹君之子伯夷、叔齊在商亡之後，「不食周粟，隱於首陽山，采薇而食之」。後遂以「采薇」比喻隱居不仕。

文　意

　　傍晚時分站在東皋縱目遠望，徘徊不定，不知該歸依何方。層層的樹林都染上秋天的顏色，起伏的山巒披覆著落日的餘暉。牧人驅趕著牛返回家園，獵人騎著馬滿載而歸。大家相互顧盼而不相識，我高歌追懷伯夷、叔齊那樣的隱逸之士。

寄情山水可以消解胸中的塊壘，在山水中安頓自己的身心。

文化黃山

　　黃山位於安徽省南部黃山市境內。它不僅是一座美麗的自然之山，而且是一座文化藝術寶庫。

　　黃山現有古代建築百餘處，多數呈徽派風格，翹角飛簷，典雅精緻。現存歷代摩崖石刻兩百多處，篆、隸、行、楷、草諸體俱全，顏、柳、歐、趙各派盡有。

　　歷代文人雅士在觀賞黃山美景的同時，留下了眾多文學作品。李白遊覽黃山時就寫下了「黃山四千仞，三十二蓮峰。丹崖夾石柱，菡萏金芙蓉」的佳句。

　　美麗神奇的黃山還孕育了「黃山畫派」，在中國畫壇獨樹一幟，影響深遠。

26 山中問答①

〔唐〕李白

問余②何意棲③碧山④，

笑而不答心自閒⑤。

桃花流水窅然⑥去，

別有天地⑦非人間⑧。

①選自《全唐詩》（中華書局 1999 年版）。

②余：我，詩人自稱。

③棲：居住，停留。

④碧山：青翠蒼綠的山。一說碧山又名白兆山，在今湖北省安陸市境內。

⑤自閒：悠閒自得。閒，安閒，閒散。

⑥窅然：深遠貌。

⑦別有天地：別有一番天地，比喻另有一種境界。別，另外。

⑧非人間：不似在人間。

　　有人問我，為何幽居碧山？我只笑而不答，心裡一片悠然自得。此處桃花飄落，隨溪水幽然遠去。此境別有一番天地，美妙不似在人間。

身處碧山桃花流水的仙境，心情舒暢，閒散適意。

武當山

武當山，又名太和山，位於湖北省十堰市境內，與四川青城山、安徽齊雲山、江西龍虎山並稱為道教四大名山。

武當山道觀眾多，其中以太和宮、玉虛宮、五龍宮、南岩宮、紫霄宮、遇真宮及復真觀、元和觀最有名。其規模之大，規格之高，構造之嚴謹，裝飾之精美，神像、供器之多，在中國現存道教建築中是絕無僅有的。

武當山風光綺旎，山川秀美，著名的風景名勝有七十二峰、三十六岩、二十四澗等。

武當山是武當派拳術的發源地，也是聯合國公布的世界文化遺產地之一。

㉗終南別業①

〔唐〕王維

中歲頗好ㄏㄠˋ道②，晚家③南山陲ㄔㄨㄟˊ④。

興ㄒㄧㄥˋ來每獨往，勝事⑤空⑥自知。

行ㄒㄧㄥˊ到水窮處，坐看雲起⑦時。

偶然值⑧林叟ㄙㄡˇ，談笑無還ㄏㄨㄢˊ期。

注 釋

①選自《全唐詩》（中華書局1999年版）。終南，終南山。
　別業，別墅。
②道：這裡指佛教。
③家：安家。
④陲：山腳下。
⑤勝事：美好的事情。這裡指美好的景致。
⑥空：僅，只。
⑦起：升騰，飛揚。
⑧值：相遇，遇到。

文 意

　　中年以後信奉佛教，晚年定居在終南山下。興致來了，就獨自到山中遊玩，美好的景致只有我自己知道。不知不覺，走到流水的盡頭，看似無路可走了，便索性坐下來，看天上那飄來飄去的悠悠白雲。偶然間遇見山林中的一位老者，我與他聊天說笑，連回家的時間都忘記了。

　　不刻意去探幽尋勝，也能隨時隨處領略大自然的美好。

終南山

　　終南山，亦稱南山，位於陝西省西安市南，是秦嶺山脈的中段。

　　終南山地形險峻、道路崎嶇，大谷有五，小谷過百，連綿數百里，山上盛產藥材，素有「草藥王國」之稱。

　　終南山為道教發祥地之一。相傳函谷關關令尹喜曾在終南山中結草為樓，每日登草樓觀星望氣。一日忽見紫氣東來，他預感必有聖人經過此關，於是守候關中。不久，一位老者騎青牛而至，原來是老子西遊入秦。尹喜忙把老子請到樓觀，執弟子禮，請其講經著書。老子在樓南的高崗上為尹喜講授《道德經》五千言，然後飄然而去。傳說今天樓觀臺的說經臺就是當年老子講經之處。相傳道教全真道創始人王重陽，北五祖中的鐘離權、呂洞賓、劉海蟾曾修道於此。

行知園

口能誦

我會背陶淵明的〈歸園田居〉（節選）。

我會背王績的〈野望〉。

我會背李白的〈山中問答〉。

我會背王維的〈終南別業〉。

學而思

1. 請把下列成語補充完整。

　　＿＿＿＿山＿＿＿＿水　　　＿＿＿＿山＿＿＿＿水

　　山＿＿＿＿水＿＿＿＿　　　山＿＿＿＿水＿＿＿＿

2. 填空。
　　中國有許多名山。其中，＿＿＿＿、＿＿＿＿、＿＿＿＿

　　＿＿＿＿、＿＿＿＿　被稱為「五嶽」。

行且勉

1. 把下面詩句補充完整。

會當凌絕頂，_____。

相看兩不厭，_____。

_____，草盛豆苗稀。

_____只緣身在此山中。

2. 搜集幾首與名山有關的古詩，並與同學們分享。

A0601A05

朝讀經典 5：學思並重

主　　編　　馮天瑜
版權策劃　　李　鋒

發 行 人　　陳滿銘
總 經 理　　梁錦興
總 編 輯　　陳滿銘
副總編輯　　張晏瑞
編 輯 所　　萬卷樓圖書股份有限公司
特約編輯　　王世晶
內頁編排　　小　草
封面設計　　小　草
印　　刷　　維中科技有限公司

出　　版　　昌明文化有限公司
　　　　　　桃園市龜山區中原街 32 號
電　　話　　(02)23216565
發　　行　　萬卷樓圖書股份有限公司
　　　　　　臺北市羅斯福路二段 41 號 6 樓
　　　　　　之 3
電　　話　　(02)23216565
傳　　真　　(02)23218698
電　　郵　　SERVICE@WANJUAN.COM.TW

大陸經銷　　廈門外圖臺灣書店有限公司
電　　郵　　JKB188@188.COM

ISBN 978-986-496-383-6
2018 年 10 月初版
定價：新臺幣 400 元

如何購買本書：

1. 劃撥購書，請透過以下帳號
　　帳號：15624015
　　戶名：萬卷樓圖書股份有限公司

2. 轉帳購書，請透過以下帳戶
　　合作金庫銀行古亭分行
　　戶名：萬卷樓圖書股份有限公司
　　帳號：0877717092596

3. 網路購書，請透過萬卷樓網站
　　網址 WWW.WANJUAN.COM.TW

大量購書，請直接聯繫，將有專人為
您服務。(02)23216565 分機 10
如有缺頁、破損或裝訂錯誤，請寄回
更換

國家圖書館出版品預行編目資料

朝讀經典 . 5：學思並重 / 馮天瑜主編 . -- 初版 .
-- 桃園市：昌明文化出版；臺北市：萬卷樓發行，
2018.10
100 面；18.5x26 公分
ISBN 978-986-496-383-6(平裝)
1. 國文科 2. 漢學 3. 中小學教育
523.311　　　　　　　　　　107016701

本著作物經廈門墨客知識產權代理有限公司代理，由湖北人民出版社授權萬卷樓圖書股份有限公司
出版、發行中文繁體字版版權。